Emmanuel Guibert

LA COUSINE MANGA

couleur : Walter

DARGAUD
PARIS BARCELONE BRUXELLES HONG KONG LAUSANNE LONDRES MONTREAL NEW YORK SHANGHAI

Sommaire

Textes et dessins:
Emmanuel Guibert
Sardine de l'espace
Episode LV : Le CAMESKROK
SUPERMUSCLEMAN ! J'ai encore trouvé une idée pour enquiquiner les enfants !
Vous allez me filmer, docteur KROK ?
POIGNÉE
SMM

Attendez que je vous explique ! Cette caméra n'est pas une caméra comme les autres : C'est un CAMESKROK !
Allez-y, filmez-moi pendant que je fais des pompes !
neuf dix onze douze
Regardez bien : je vais filmer ce cochon. Hop ! Je déclenche !
Mais pourquoi filmer un cochon alors que vous pouvez me filmer moi ?
treize quinze dix-huit
DJ
HAHA ! Voyez ! Le cochon se couvre de boutons !
?
DJZZ
iiik ?
C'est dégoûtant !
Maintenant, encore plus fort, je zoome avant !
ZZZOOO

...et il se couvre de poils !
C'est mieux. Ça cache un peu les boutons.
ZZZOOM
OÏÏÏÏRK !
Enfin, la meilleure : je zoome arrière
Et il se couvre de plumes ?
ZZZOOM
Non ! Mais ça lui fait pousser les oreilles ! HAHAHA !
HÉHÉ ! Marrant ! À moi maintenant !
KAÏ KAÏ KAÏ
Allez-y, docteur KROK ! Filmez-moi en train de faire des pompes.
Mais vous n'avez rien compris, SUPERMUSCLEMAN !

Ce CAMESKROK n'est pas une vraie caméra ! C'est une arme !
Ah bon ? Mais pourquoi faire ?
Vous savez qu'aujourd'hui, tous les parents de l'Espace achètent une caméra pour filmer leurs enfants. Eh bien, nous, nous allons leur vendre le CAMESKROK .
Le CAMESKROK ne filme pas. Il émet une onde qui rend boutonneux, poilu, avec des grandes oreilles.
Il y a même une option : dents en avant.
boutons
oreilles
poils
dents
nez
Ainsi, tous les enfants de l'Espace seront laids comme le cochon !
HAHAHAHAHA ! Bien fait pour eux !

PLUS TARD, À BORD D'UN VAISSEAU QUI NE NOUS EST PAS INCONNU...
On en a marre, Tonton ! Tu ne nous prends jamais en photo !
C'est vrai, ça ! Quand on sera grands, on ne pourra pas se voir quand on était petits !
Vous n'aurez qu'à relire vos albums.
Non, c'est pas pareil. Le dessin, c'est bien, mais la photo, c'est vraiment la réalité.
Et moi, en vrai, je suis plus beau qu'en dessin.
Bon, d'accord. Je vais acheter un appareil. Mais pas cher, hein ?
HOURRA !

Arrêtons-nous sur la planète NICÉPHORE. C'est là qu'il y a toutes les boutiques de photo.
Regardez qui arrive, SUPERMUSCLEMAN. C'est l'HECTOR, le vaisseau de cette crapule d'ÉPAULE JAUNE !
Allons chercher un canon pour lui tirer dessus !
SUPER M
PHOTO SHOP
en vente ici LE CAMESKROK
Non ! Mieux que ça ! On va lui refiler le CAMESKROK ! Déguisons-nous vite pour qu'il ne nous reconnaisse pas...
En quoi ?
SUPER M
P. LOCHE
J'ai tout prévu : enfilez vite cette panoplie de vendeuse de CAMESKROK.
Oké.
ROUGE À YEUX POUR POLAROÏD
ZAZA
100 ZAZA
200 ZAZA
400 ZAZA
Tata

Bonjour mesdames.
Bonjour ÉPAULE J.. AÏE !
BONjour monsieur ! Bonjour les enfants ! Entrez entrez...
SI VOUS AVEZ DES POINTS NOIRS SUR LE NEZ, DEMANDEZ NOS AGRANDISSEMENTS 50 POINTS = UN AGRANDISSEMENT GRATUIT
SUPER M
LOCHE
LEIKON
ICI, VOS PHOTOS RATÉES SONT FACTURÉES LE DOUBLE ÇA VOUS APPRENDRA
VOS PHOTOS EN 1 HEURE SEULEMENT (MAIS MOCHES)
Je cherche un appareil photo tout simple, ce que vous avez de moins cher.
J'ai beaucoup mieux à vous proposer : le CAMESKROK !
Le CAMESKROK, c'est tout nouveau. Vous pouvez l'essayer gratuitement pendant dix ans. Au lieu de bêtes photos, vous aurez un vrai film qui bouge et qui parle.
Oh oui, Tonton !
On prend ça !
TATOU

Je peux le faire marcher un peu ici, pour voir ?
NON NON !
SURTOUT PAS !
Vous l'utiliserez tranquillement avec SARD... AÏE !
Avec vos gentils enfants. Le mode d'emploi est très simple. Emportez tout.
CONCOURS PHOTO
regarder là
appuyer là
Alors, SARDINE et P'TIT LULU ? Vous êtes contents ?
Super contents !
CAMESKROK
Nous, on fait les andouilles et toi, tu nous filmes !
Non, j'ai une meilleure idée. Prête-moi le CAMESKROK, Tonton.
?

Qu'est-ce que tu veux faire?
Tu as vu la bestiole poilue avec des grandes oreilles, dans le magasin ?
Oui.
Elle est marrante. On va la filmer avant de partir.
Tiens, regarde, elle est entre les deux vendeuses. J'appuie ici !
DJZZ
¡clic!
Je peux enlever mon déguisement, docteur KROK? Il me gratte.
AAAH!
Vous êtes plein de bou... de boutons !
GRAT
GRAT
GRAT
GRAT
GRAT
MAIS VOUS AUSSI, VOUS ÊTES PLEIN DE BOUTONS !
ET VOUS DE POOIILS!

Dis donc, SARDINE ! Les deux vendeuses, ça ne serait pas SUPERMUSCLEMAN et le docteur KROK ?
Je crois que si. Mais ils ont d'excellents déguisements.
ZZZOOOM
AAAAAH
AAAAAH
PLUS TARD...
EH, SARDINE ! Filme-moi en vainqueur !
Il ne vaut mieux pas, P'TIT LULU. Ce CAMESKROK, c'est un peu de l'arnaque !
J'ai trouvé un vrai appareil. On va plutôt prendre une bonne vieille photo !
GROUI GROUI GROUI
GRRRR
GRRR
TOC TOC
GRRRR
FIN !

Taiscte é décin
Manuelle Guibère
Sardine de l'espace
Épizod 56 : le mètre décollé
Dis Tonton, tu ne pourrais pas nous trouver un maître d'école ?
Ou une maîtresse ?
Vous voulez étudier, les enfants ?
WARNING ÇA VEUT DIRE ATTENTION
TATOUILLOU

Ce n'est pas tellement qu'on voudrait étudier, mais c'est à cause des vacances.
Comment ça, les vacances ?
Comme on ne travaille pas, on n'a jamais de vacances, tu comprends ?
Et il paraît que c'est super, les vacances !
Bon, d'accord. De toute manière, ça ne vous fera pas de mal d'étudier un peu.
Oui, mais des choses faciles, hein ?
Et qu'on sait déjà !
Cherchons sur INTERPLANÈTE. Je tape : MÈTRE DÉCOLLE.
À toi non plus, Tonton, ça ne fera pas de mal d'étudier un peu.

PLUS TARD.
TOUN TOUN
On sonne.
Ça doit être la maîtresse !
Je vais ouvrir.
Bonjour, virgule, je suis bien chez le capitaine ÉPAULE JAUNE, point d'interrogation ?
Euh... oui. C'est vous le... la... l'instituteur ?
L'HECTOR
80
En effet, point. Amenez-moi tout de suite à mes élèves, point d'exclamation !
80
OHÉ TOUT LE MONDE ! LE MAÎTRE EST ARRIVÉ !
Mais on avait demandé une maîtresse !
M'ouais !
HAHA HA !
Youpi !

SILENCE, point d'exclamation !
Bienvenue à bord de l'HECTOR, maître.
C'est vous, virgule, le capitaine ÉPAULE JAUNE, point d'interrogation ?
Oui, c'est moi.
Eh bien, virgule, je ne vous félicite pas, point d'ex-clamation ! Non seulement votre marmaille est mal élevée, virgule, mais vous écrivez comme un cochon, point.
M... moi ?
Votre message sur INTER-PLANÈTE était truffé de fautes, point d'exclamation ! Allez vous mettre au piquet, point.
Ça commence bien !

Vous, virgule, les enfants, virgule, soyez sages, point. Avez-vous un tableau noir, point d'interrogation ?
Non, virgule, on n'en a point, point.
Pfffrrrtt... Poin Poin !
Par contre, on a des hublots noirs, si vous voulez.
Je me moque de vos hublots, point d'exclamation ! Je vais utiliser ma craie FUITFUIT, point.
C'est quoi, la craie FUITFUIT ?
C'est ça, virgule, regardez, point.
FUIT
FUIT
OOH !
Il écrit sur rien !
Il écrit dans l'air !
M'ouais !
HAHAHA !
clap clap

Pouvez-vous me dire quelle lettre je viens d'écrire, point d'interrogation ?
Facile, c'est un Q !
Capitaine, virgule, je croyais vous avoir puni, point. Et en plus, vous prenez la parole pour dire encore une bêtise, point d'exclamation !
Ce n'est pas un Q ?
PFFHIHIHIHI !
Mettez ce bonnet d'âne, virgule, tournez-vous contre le mur et ne m'interrompez plus, point.
ÂNE
ROOH ! J'en ai marre, à la fin !
Eh, P'tit LULU ! Tu sais pourquoi Tonton croit que c'est un Q ?
Non.
Parce qu'il le voit de derrière !
HAHAHA !
Hi Hi

VOUS DEUX, point d'exclamation ! Sortez faire un tour dans l'Espace, ça vous calmera, point.
On n'a rien fait, M'sieur !
Viens, p'tit LULU, on y va...
A tout à l'heure, Tonton !
Il n'y a pas de quoi être fier, les enfants.
ÂNE
Tiens, virgule, où est passée ma craie FUITFUIT, point d'interrogation ?
80
Enfin, virgule, ce n'est pas grave, point. J'en ai une autre, point.
Reprenons, trois petits points...

UN PEU PLUS TARD...
Les enfants doivent être calmés, point. Je vais leur dire de rentrer, point.
ATTENTION
PORTE DONNANT SUR L'ESPACE
BOUM
J'ai trouvé ces deux fripouilles en train d'écrire dans l'Espace des slogans qui me ridiculisent !
HAUT LES MAINS TOUT LE MONDE ! L'école est finie !
GRRR
HIN HIN

HEIN ?
PAF
PAF
Bravo Tonton, t'es le meilleur !
Yeah !
Félicitations, virgule, Capitaine, point d'exclamation ! Vous aurez un bon point, point.
PFFRTTT Poinpoin !
Il en a déjà deux, des bons poings !
Je regrette de vous avoir puni, virgule, Capitaine, point.
Ne regrettez rien, Maître. Si je n'avais pas été au piquet, je n'aurais pas pu surprendre ces deux abrutis.
On vous rend votre craie FUITFUIT, Maître.

supermusclemane è un gro ignoran
On s'en est un peu servi pour écrire dans l'Espace.
Je vois, point d'exclamation ! Eh bien, nous allons corriger ensemble cette jolie phrase, trois petits points...
Et c'est quand, les vacances ?
Point final.

Textes et dessins : Emmanuel Guibert
Sardine de l'espace
Épisode LVII : Le Pilototomatik
Pourquoi tu as laissé l'HECTOR au garage, Tonton ?
Parce qu'il a besoin d'une bonne révision.
Et comment on va faire, sans lui ? On doit dîner chez Mémé, ce soir !
GARAGE
GIRAUD FRÈRES

Nous allons faire comme tous les gens qui n'ont pas de vaisseau spatial et prendre les transports en commun.
CHOUETTE !
ASTROPORT
Voici l'astroport. On va acheter nos billets de fusée.
ASTROPORT
ANDRÉ PERRIER
ASTROGARE 1
TAXI de l'espace
illisible
DING DONG
Le vol 29664 pour Pluton est retardé.
DENG DANG
Un petit bonhomme vert avec cinq tentacules et trois trompes attend ses parents au comptoir 20.
DUNG DUNG
diouti dioutifrice
air espace
VOL PLANÈTE
MARS 4
AB814 TAUCÉTI 1
A6523 LUNE 8
C'est grand !
Embarquement immédiat pour Jupiter, porte 7.

Bonjour. Je voudrais quarante places dont trente-neuf enfants, s'il vous plaît.
Ça fait mille aéros.
STRATOSF' AIR
C'est cher, hein, Tonton ?
Oui. Heureusement que Mémé nous aide à payer le voyage.
Héhé...
Ce vol leur réserve quelques surprises !
HOHOHOHO !
fusez avec STRATOSF' AIR
LONDRES - BETELGEUSE 3 HEURES !
STRATOSF' AIR
PEU APRÈS...
Allez, tout le monde ! On embarque !
CLAP CLAP
STRATOSF' AIR

Bonjour bonjour ! Bienvenue à bord.
Bonjour Madame.
Tiens ! C'est drôle !
Vous ressemblez à la dame qui nous a vendu les billets dans l'astroport.
HAHA, oui ! C'est normal, c'est... c'est mon frère !
Son frère ! C'est bizarre...
Asseyons-nous, les enfants.
Je prends la place près du hublot !
Tout le monde est à bord, SUPERMUSCLEMAN.
Parfait ! Ce qu'ils ne savent pas, c'est qu'ils ne vont pas chez leur mémé...
Mais directement en prison ! HOHOHOHOHOHO !
HAHAHA !
FSCHHHHH

Tonton, je n'arrête pas de boire depuis le début de l'épisode, alors je vais faire pipi, d'accord ?
D'accord. Fais vite.
Je vais maintenant vous donner quelques consignes de sécurité. Écoutez-les attentivement.
Qu'elle est moche, cette hôtesse !
Chut, p'tit LULU ! C'est important.
En cas de dépression dans la cabine, un nez rouge tombera automatiquement devant vous, comme ceci.

Adaptez-le sur votre visage et vous retrouverez la bonne humeur.
C'est idiot, ce...
PSCHH
PSCHH!
?
PSCHH
PSCHH
PSCHH
PSCHH
snif ?
?!
RON RON
RROON GGRRON
RON CUI
RRRON PICHHH
GGRROMM GRROM
HAHA! Ça y est, SUPERMUSCLEMAN, tout le monde dort.
Et nous, grâce à nos nez rouges antigaz, on n'a rien senti!
HIN HIN

Maintenant, j'installe le PILOTOTOMATIK.
Et nous allons ficeler ce gros lard d'ÉPAULE JAUNE.
À moi d'faire !
AH, les abobidables ! Ils ont endorbi Dondon et les gobains !
PIPIROUME
J'ouvre le hublot des toilettes, ça dissipera les gaz soporifiques.
HEP, toi, PILOTOTOMATIK ! Où est-ce que tu nous emmènes ?
Sur la planète-prison ALKA 13.

Fais pas ça ! C'est horrible par là-bas. Emmène-nous plutôt chez notre mémé, tu goûteras sa confiture de figues !
J'peux pas, j'suis programmé.
Allez, quoi, sois sympa ! Il y aura de la tarte aux mirabelles, aussi ! Et du nougat !
Bon, o.k., j'me déprogramme.
Dites donc, docteur KROK, vous ne sentez pas qu'on change de direction ?
Si. Ce n'est pas norm...
GRRON
BIM!
BAM!
OUILLE!
AÏE!

BRAVO, PILOTOTO ! En virant de bord, tu as assommé les deux crétins !
Il faut dire qu'ils ont attaché tout le monde, sauf eux-mêmes !
Tonton, Tonton ! Réveille-toi !
M ?
CLAC CLAC CLAC
SUPERMUSCLEMAN et le docteur KROK ont voulu nous détourner, mais moi, je les ai retournés !
Bravo SARDINE !
INITIALES E.J.
Les voilà ficelés à leur tour.
Ça leur apprendra à vouloir détourner des pirates de l'Espace !
oua oumf !

PLUS TARD, CHEZ MÉMÉ...
Puisque SUPERMUSCLEMAN et le docteur KROK persistent à vouloir mettre tout le monde en prison, ils seront privés de dîner.
C'est bien, quand l'épisode se termine sur un banquet.
Oui, ça devrait toujours finir comme ça !
ROGN ROGN
Reprends de la tarte aux mirabelles, PILOTOTO. Tu l'as bien méritée !
BARFL
GLUPS
MORF
I-Z
A-H ANNUAIRE DE L'ESPACE
FIN

Textes et dessins : Emmanuel Guibert
Sardine de l'espace
POLAR de l'espace
Épisode LVIII : À l'assassin !
SA... SARDINE ! AU SECOURS ! Je viens de voir un ca ... un caca ...
Un caca ? Mais c'est pas grave, ça !
... Un CADAVRE, DE L'ESPACE !
Un cadavre, c'est plus embêtant.
OLD BLACK JOE

D'habitude, personne ne meurt dans nos histoires. Tu es sûr que c'est un vrai cadavre ?
Viens voir !
Tiens, regarde.
Houla ! Mais il a été poignardé, en plus !
Son cœur ne bat plus.
Et le mien ? Je n'ai jamais vérifié !
Allons prévenir Tonton.
AH ZUT ! Je n'arrive pas à coller mon oreille à ma poitrine !

PEU APRÈS
C'est très grave, les enfants ! S'il y a une victime dans l'Espace, c'est signe qu'il y a aussi un assassin.
Cherchons-le !
Trouvons-le !
L'HECTOR
Mais où ? L'Espace est immense ! N'importe qui a pu faire le coup et s'enfuir.
J'ai une idée ! Regardez !
?
Qu'est-ce que c'est ?
Un roman policier. Il va nous aider à trouver l'assassin.
POLAR de l'espace

Je viens juste de finir de le lire. Ça se passe dans une fusée.
Et ça raconte quoi ?
Un soir, dans la bibliothèque de la fusée, on trouve un cosmonaute assassiné.
Mais le plus étrange, c'est que la porte de la biblio-thèque était fermée de l'intérieur et qu'il n'y a pas d'autre issue !
?
!
Alors on fait venir le grand détective de l'Espace, le professeur BELLET-DONJON !

Et il trouve la solution du mystère : il y avait une trappe secrète dans la bibliothèque et le meurtrier, c'est le chef des cosmonautes !
J'ai compris !
Toi aussi, tu veux faire venir le professeur BELLET-DONJON !
Mais non, banane ! Il n'existe pas, le professeur BELLET-DONJON ! C'est un personnage de roman !
Ben, qu'est-ce qu'on fait, alors ?
Aidez-moi : On va transporter la victime dans la biblio-thèque de l'HECTOR.
Et après ?
Après, on va faire exactement comme c'est écrit dans le livre. Comme ça, à la fin, on trouvera l'assassin.

Voilà. La victime est en place.
Il n'y a plus qu'à fermer de l'intérieur et sortir.
Ah mais non, que je suis bête! Si on ferme de l'intérieur, on ne pourra plus sortir!
PAF!
C'est vrai.
Moi, je veux bien rester dans la bibliothèque si on amène la télé et si on sort le cadavre.
Sans ça, c'est triste.
Tant pis, venez. On fermera de dehors.
Oui. Au fond, c'est pareil.

Et maintenant ? Qu'est-ce qu'on fait ?
On monte la garde et on attend.
On attend quoi ?
L'ASSASSIN !
GRAT GRAT
L'assassin va revenir sur les lieux du crime. Il va passer par la trappe secrète !
Hélas, SARDINE !
Je crains que notre bibliothèque n'ait pas de trappe secrète !
Ah ZUT ! Il faut en bricoler une !
POLAR de l'espace
Mais pourquoi on ne laisse pas carrément la porte ouverte ? L'assassin entrera et sortira normalement et nous on le verra, puisqu'on est devant !
Pas bête.
ben riens !
P'tit LULU a raison. Ouvrons cette p...
TOC TOC
?

On a frappé !
C'est l'assassin !
Déjà ?
Mettez-vous derrière moi, les enfants. Cet assassin est peut-être dangereux !
Fais gaffe, Tonton.
À trois, j'ouvre la porte. UN... DEUX...
TROIS !
OH !
C'est... C'est pas l'assassin !

C'EST LA VICTIME !
Pouvez-vous me dire ce que je fais là ?
TCHI TCHI POU NI CHOU
On vous a ramassé dans l'Espace, m'sieur. Vous... euh... vous étiez mort.
Mort ? Je n'étais pas mort du tout, je dormais !
Mais vous avez ce couteau, là...
Eh bien, quoi ? C'est ainsi qu'on porte son couteau, sur ma planète.
TCHOC !
Et votre cœur, il ne battait plus !
C'est que vous n'écoutiez pas au bon endroit. Chez moi, on a le cœur dans le pied. Vous voulez sentir ?
BOM
BOM
BEUH !
TCHOC !

Mais au fait, pourquoi vous promenez-vous avec un couteau ?
Vous ne devinez pas ? C'est à cause de mon métier : je suis assassin.
Eh bien, voilà ! On a élucidé le mystère : la victime, c'était l'assassin !
BLACK ELK SPEAKS
Pas mal !
PLUS TARD.
Puisque personne ne meurt jamais, dans cette bande dessinée, je vais être obligé d'aller assassiner ailleurs.
L'HECTOR
Eh oui, désolé.
Essayez à la télé.
Dis, SARDINE, tu peux écouter mon coeur pour me dire s'il bat ?
FIN !

Textes et dessins: Emmanuel Guibert
Sardine de l'espace
Épisode LIX : SARDINE dans le MÉTROU
Qu'est-ce que c'est que ce trou noir, Tonton ?
C'est un trou noir, SARDINE.
Et qu'est-ce qu'il y a dans ce trou noir ?
Il y a le MÉTROU.
RICHARD TROU NOIR
CARTE DU CIEL

Vous n'avez jamais pris le MÉTROU, les enfants ?
Non, mais on veut le prendre !
Si ça vous fait plaisir, je gare l'HECTOR et on y va.
OUAIS !
Ne vous emballez pas trop, hein ? Vous allez voir, le MÉTROU, c'est pas folichon.
Moi, je suis sûre qu'on va bien s'amuser !

AU FOND DU TROU, SUR LE QUAI DE MÉTROU
Il y en a du monde !
C'est l'heure où tous les monstres de l'Espace sortent du bureau.
Ça sent bizarre.
PARADISE DEMONS
Voilà le MÉTROU !
En voiture, les enfants.
Où on va, Tonton ?

Le MÉTROU relie entre eux tous les trous noirs de l'espace. On peut aller où on veut.
RICHARD-TROUNOIR
FRANKLIN-TROUSEVELT
TROUCADÉRO
TROU DES HALLES
JAVEL-ANDRÉ CITROUËN
MAIRIE DE MONTROU
HÉ! Vous avez vu cette pancarte?
DÉFENSE de PARLER et de RIRE dans le MÉTROU Sous peine d'AMENDE!
C'est vrai que tout le monde se tait et fait une tête d'enterrement.
On va changer ça.
MESDAMES ET MESSIEURS, BONJOUR!

JE M'APPELLE ÉPAULE JAUNE ET JE SUIS PIRATE DE L'ESPACE. AVEC MES DEUX ENFANTS, JE VAIS PASSER PARMI VOUS POUR CAUSER ET RIGOLER UN BON COUP !
TAIS-TOI, GREDIN !
Qu'est-ce qu'ils fichent dans le MÉTROU, ces andouilles ?
SUPERMUSCLEMAN et le docteur KROK !
Nous sommes les CONTROULEURS en CHEF ! Nous controulons que personne ne parle ni ne rigole !
OUAIS !

Et en application du plan VIGIPIRATE DE L'ESPACE, on vous arrête !
HAUT LES MAINS !
CHEF
AGRAF
AGRAF
Qu'est-ce qu'on fait, SARDINE ? On descend à la prochaine ?
Non, j'ai une idée.
HEP ! SUPERMUSCLEMAN ! De quelle couleur sont les petits pois ?
?
?
TAIS-TOI, SARDINE ! C'est défendu de parler !!
Laissez, docteur KROK. Je connais la réponse.
AGRAF
CHEF
AGRAFO

Les petits pois sont VERTS, SARDINE ! C'était ta dernière devinette.
Bien dit !
Eh bien, pas du tout ! Les petits pois sont ROUGES !
HAHAHA
J'ai compris !
PAF !
PAF !
Les petits pois sont rouges... POISSONS ROUGES !
Elle est bien bonne !
HA HA

HIHIHI
HAHA
HOHOHO !
hou hou hou
HÉHÉ
hawhaw
HIHIHI
HAHAHA
HOUH
HUHUHUH
HOHO

TAISEZ-VOUS ! DÉFENSE DE RIRE !
TOUT LE MONDE EST À L'AMENDE !!
HAHA
HOHO
HUHU
HAHAHA
AGRAF

Tonton ! Le MÉTROU s'arrête !
C'est le moment, les enfants ! Suivez-moi !
PIPA

On sort par une porte...
...et on rentre par l'autre !
À l'abordage !
APRÈS UNE BATAILLE COURTE MAIS BRÈVE...
HOURRA !
PASSAGÈRES, PASSAGERS ! Nous proclamons le droit de RIRE et de PARLER dans le métrou !
Et même ailleurs !

Quant à SUPERMUSCLEMAN et au docteur KROK, on les abandonne sur ce p'tit quai de MÉTROU.
PAF
Ouille
Aïe
PLUS TARD
Je vous l'avais dit qu'on allait bien s'amuser dans le MÉTROU.
HAHAHA ! J'ai compris ! P'tit quai de MÉTROU... TICKET DE MÉTROU ! Excellent !
RICHARD TROU NOIR
CARTE DU CIEL
FIN !
Tu dis FIN Tu dis FIN... C'est tout ce que tu sais dire !

Textes, musique et dessins : Emmanuel Guibert
Sardine de l'espace
Épisode LX : L'étoile danseuse
Regarde ces enfants, KiKouYou ! Toujours débraillés, toujours à faire les 400 coups !
Ils sont heureux comme ça, maman.

Je ne dis pas qu'ils sont malheureux. Je dis qu'ils sont mal élevés. Surtout SARDINE.
SARDINE est adorable.
Elle est adorable, mais c'est un vrai garçon manqué. Et comme tu ne fais rien pour que ça s'arrange, j'ai décidé de réagir.
Aïe.
TATOUAGE NON CONTRACTU
Je l'ai inscrite à un cours de danse classique, avec toi, moi, p'tit LULU et les autres. Ça ne nous fera pas de mal.
QUOI ?
En route ! Le cours commence dans une heure et madame KRUKHALOVA n'aime pas attendre.
Mais maman...

PLUS TARD.
Où on est, Tonton ?
Hélas, SARDINE ! Vous le saurez bien assez tôt.
DING DONG
LA KRUCHALOVA ÉTOILE DANSEUSE
Qui vous êtrrre ?
Je suis MÉMÉ et voici mes enfants. Nous venons pour le cours de ballet.
Vous aller dans vestiairrre. Vous trrrouverrrez tenues pourrr filles et garrrçons. Ensuite, au trrravail !

PEU APRÈS ...
Alorrrs ? Vous prrrêts ?
Nous sommes prêts, madame KRUCHALOVA.
Je ne comprends toujours pas ce qu'on fait ici, Tonton.
Moi non plus.
Nous rrrépéter ensemble ballet qui s'appelle : "LA PLANÈTE DES CYGNES". Trrrès joli. Mais avant, exerrrcices assouplissement.
Vous mettrrre pied surrr barrre, comme ceci et garrrder dos bien drrroit.
KRAK

Quoi vous FAIRRRE, ABRRRUTI ?
KIKOUYOU ! Demande pardon à la dame !
Heu... je m'excuse... j'ai le pied un peu lourd...
Vous plus toucher rrrien ! Moi montrrrer vous. Musique, monsieur IGORRR TOUVÉRRRITCH !
SNAP !
Da.
Pourrr danse, besoin légèrrrreté.
OH !
AH !

Maîtrrrise.
Très joli
ravissant.
Harrrmonie.
Superbe !
Magnifique !
Brrref, besoin beaucoup trrravail.
Ben oui.
Forcément.
Faut bosser.
clap clap
clap clap
clap clap
clap clap
DING DONG
Vous commencer exerrrcices, moi ouvrrrirr porrrte visiteurrr.

Qui vous êtrrre ?
Haut les branches, la ballerine ! Je t'emmène.
Quoi vous vouloirrr fairrre de moi ?
Tu connais SUPERMUSCLEMAN ? C'est mon patron et c'est bientôt son anniversaire.
J'ai décidé de monter un orchestre de variétés pour fêter ça. Moi, je chanterai et toi et ta troupe, vous danserez derrière. Ça s'appellera : "docteur KROK et ses KROKETTES".
Horrreurrr ! Atrrroce vulgarrrité !

Maintenant que tu ne peux plus filer, l'étoile, je vais chercher ton corps de ballet.
HAUT LES MAINS ! VOUS ÊTES FAITS COMME DES PETITS RATS !
?!
Tiens ! Mais c'est le docteur KROK !
Tu viens danser, KROK ?
J'peux lui apprendre, Tonton ?
AAAAAAAAAAH !
Regardez bien, madame KRUCHALOVA !
?

Pour la bagarre, il faut de la précision…
PAC!
OUILLE!
…du doigté…
…de la souplesse…
BOUF BOUF BOUF
BOUF BOUF
Bref, c'est tout un art.
Superrrbe!

Vous sauver moi rrrapt déshonorrrrant. Quoi moi pouvoirrr fairrre pourrr rrremerrrcier vous?
GRMMBL PAS FACILE
Dansez, s'il vous plaît.
Bravo, madame KRUCHALOVA ! C'est admirable !
clap clap clap clap
Mais dis donc, toi, tu es habillé en fille !
Je sais pas : j'ai mis ça parce qu'il y avait mon nom écrit dessus.
Mais non, t'as mal lu ! Y a pas écrit "Lulu", y a écrit "TUTU" !
FIN

Textes, dessins et racines carrées : Emmanuel Guibert
Sardine de l'espace
Épisode LXI : Le cerveau du professeur Purée
Cette semaine, nous ne sommes malheureusement pas en mesure de vous présenter "LES MYSTÈRES DE L'UNIVERS", l'émission du grand savant, le professeur PURÉE.
DÉROUL' TÉLÉ
AH ZUT, ALORS !
On l'attendait, pourtant.
BICEPS DE VIGNE

Le professeur PURÉE, l'homme qui sait tout, est devenu complètement idiot. Écoutons le témoignage de son assistante.
DÉROUL' TÉLÉ
Le professeur, depuis quelques jours, SNIF, avait un gros rhume. Et hier soir, SNIF, le drame est arrivé : il s'est mouché trop fort.
ADADA
SUPERPOINTUE RECHERCHE LABORATOIRE
Son cerveau est sorti par sa narine droite et il a disparu dans l'Espace, SNIF ! Depuis, SNIF, le professeur PURÉE raconte n'importe quoi.
Timichine La Pou Pou
Au nom de la science, SNIF, je vous en supplie ! Si quelqu'un trouve le cerveau du professeur PURÉE, SNIF, qu'il le lui rapporte !
ABUGLUBU ABUGLUBA

Que cela vous serve de leçon, les enfants : il faut toujours se moucher doucement.
Tonton, on lui retrouve son cerveau ?
Oh oui ! comme ça, la semaine prochaine, il y aura de nouveau l'émission !
Où est-ce que tu irais, Tonton, si tu étais très intelligent ?
Je ne me suis jamais posé la question.
On pourrait essayer d'aller voir du côté d'une galaxie qui s'appelle "LA GÉOMÉTRIE DANS L'ESPACE". C'est un coin pour les savants, ça.
En route !

AILLEURS, AU MÊME MOMENT...
Nous devons être les premiers à retrouver le cerveau du professeur PURÉE, SUPERMUSCLEMAN.
FLAP FLAP
Pourquoi faire, docteur KROK ?
FLAP FLAP
Parce que je vais vous opérer et le mettre dans votre crâne.
Mais il y a déjà un cerveau dans mon crâne !
Je le mettrai à côté, vous avez de la place pour deux. Comme ça, votre intelligence, qui est déjà remarquable, sera carrément fabuleuse.
Et ça ne va pas me fatiguer ?
Au contraire, SUPERMUSCLEMAN, ça vous reposera. Et moi aussi.
Bon, alors d'accord.
FLAP FLAP
FLAP FLAP

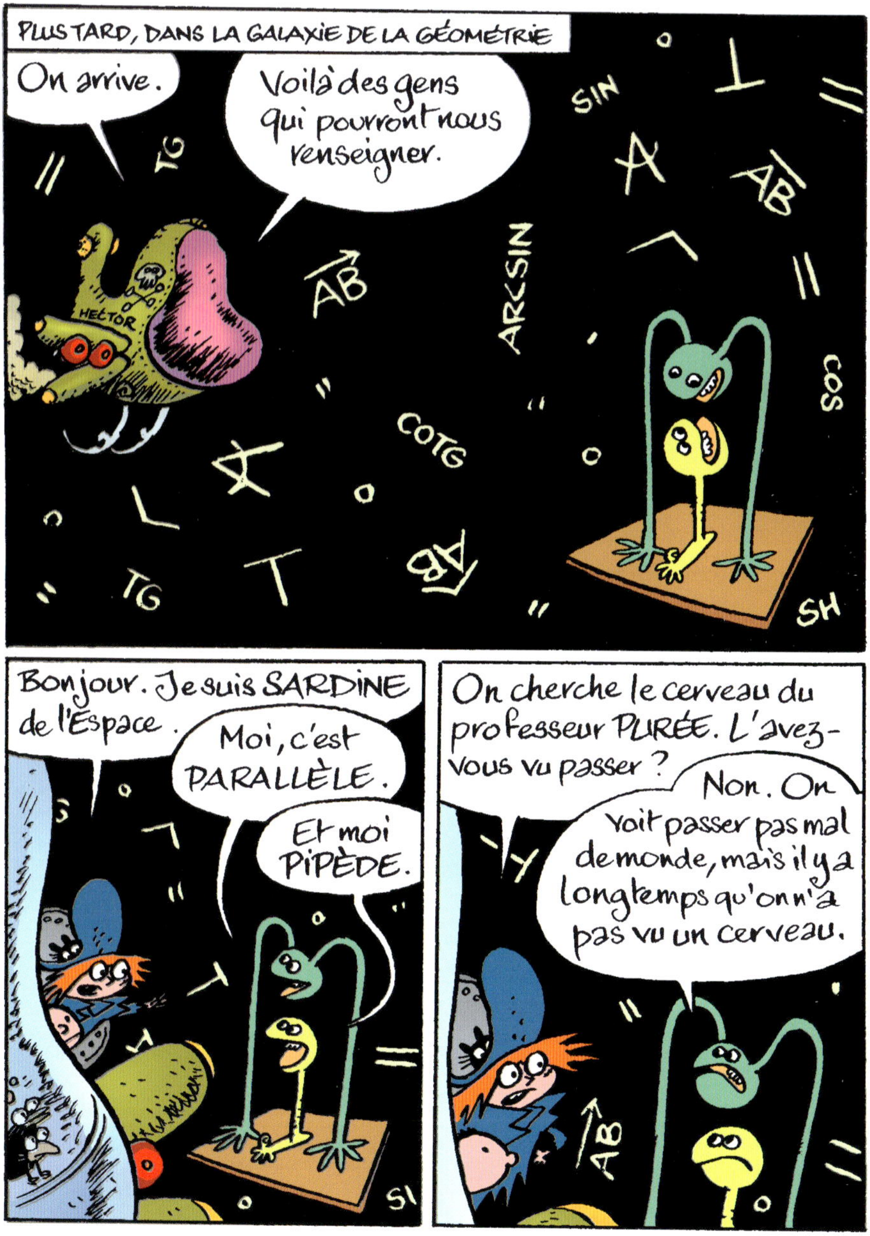
PLUS TARD, DANS LA GALAXIE DE LA GÉOMÉTRIE
On arrive.
Voilà des gens qui pourront nous renseigner.
Bonjour. Je suis SARDINE de l'Espace.
Moi, c'est PARALLÈLE.
Et moi PIPÈDE.
On cherche le cerveau du professeur PURÉE. L'avez-vous vu passer ?
Non. On voit passer pas mal de monde, mais il y a longtemps qu'on n'a pas vu un cerveau.

Suivez-nous. On vous emmène au cercle !
Là-bas, il y a un type qui sait tout sur tout.
Merci !
COS
SIN
Ils sont gentils, PIPÈDE et PARALLÈLE.
PEU APRÈS...
SARDINE, on te présente le RAPPORTEUR.
LE CERCLE
RESTAUROND
TÉL.: Pi.31416
SANS PEUR ET SANS REPROCHES
Bonjour monsieur.
Bonjour petite.
Nous sommes à la recherche du cerveau du professeur PURÉE.
Ah oui ! Le gars qui s'est mouché trop fort ! J'en ai entendu parler.

Désolé pour vous, mais je n'ai rien vu.
Ho ! SARDINE ! REGARDE !
SUPERMUSCLEMAN ET LE DOCTEUR KROK !
Planquons-nous !
NOUS SOMMES VENUS CHERCHER LA CERVELLE DE PURÉE !
QU'ELLE LÈVE LES MAINS ET QU'ELLE SE RENDE !
Ah, les canailles ! S'ils trouvent le cerveau avant nous, ce sera terrible !
J'ai une idée, Tonton !

Je décroche ces vieux chewing-gums collés sous la table par les clients du Cercle.
J'en fais une grosse boule toute gluante.
Berk!
PLETS
PLATT
CHLOPS
Hep! Psst! Monsieur le Rapporteur! Vous pouvez leur rapporter ça?
HÉHÉ! J'ai compris, petite!
Voilà ce que vous cherchez, grand SUPERMUSCLEMAN.
Qu'est-ce que c'est? On dirait un vieux chewin...
C'EST LE CERVEAU! DONNEZ!

VITE ! À LA CHAUVE-SOURIS ! JE VAIS VOUS OPÉRER !
Et si je me le collais juste sur le front, docteur KROK ? Ça ne suffirait pas ?
PLUS TARD, À BORD DE L'HECTOR...
HIHI
...et SUPERMUSCLEMAN et KROK sont repartis avec le tas de chewing-gums tout baveux en croyant que c'était le cerveau du professeur PURÉE !
HAHAHAHAHA !
HAHAHA
L'ennui, c'est que le vrai cerveau, lui, on ne sait toujours pas où il est.
SI !
JE SUIS ICI, PARMI VOUS !
?

Ben ça alors !
Qu'est-ce que vous faites à bord de l'HECTOR, professeur... euh... professeur Cerveau ?
Ça vous étonne, hein ? Vous pensiez me trouver plutôt dans la galaxie de la géométrie, en train de faire des calculs ? Eh bien non !
Quand un cerveau intelligent s'évade, il n'a qu'un but : venir rigoler avec les petits enfants.
C'est vrai que nous, on ne connaît pas tous les mystères de l'Univers...
... mais on a le secret pour bien se marrer !
FIN !

Textes et dessins :
Emmanuel Guibert
Sardine de l'espace
Épisode LXII : AMADOU LÉTOUPE
Pourquoi suit-on cette comète, Tonton ?
Ce n'est pas une comète, SARDINE. C'est une femme qui a le feu aux cheveux. Nous allons la secourir.
VIVA YURI

Allez chercher la pomme de douche. Moi, je m'approche d'elle le plus possible.
Tout de suite, Tonton !
VIVA BRILLO
TU PEUX ALLUMER LE ROBINET, P'TIT LULU !
L'eau froide ou l'eau chaude ?
FROIDE ! Sinon, ça va la brûler.
L'HECTOR
L'HECTOR
C'est parti !
PSHIIIII
BLUB
HOURRA ! En plein dans le mille !
FSCHHH !!
AARGH !

Ben quoi ? On vient de vous sauver la vie et vous n'êtes pas contente ?
NON ! J'ai un chagrin d'amour !
Venez dans le vaisseau, on va vous consoler.
Impossible !
L'homme que j'aime s'appelle AMADOU LÉTOUPE. Il est très séduisant, mais il brûle tout ce qu'il touche.
Aimez-en un autre.
TONTON ! ALERTE !

Encore une femme en flammes !
Allons bon ! C'est une épidémie !
?
Je vais rouvrir le robinet.

PLUS TARD.
Vous aussi, vous êtes amoureuse d'AMADOU LÉTOUPE ?
OUI !
BAH !
GRAT GRAT
Décidément ! Cet AMADOU est dangereux !
Il faut l'empêcher de brûler ses copines, comme ça !

Où peut-on le trouver, cet AMADOU ?
Il donne ses rendez-vous à la terrasse d'un petit café de l'espace.
"LES DEUX FLORES", ça s'appelle.
SNIF
Cap sur "LES DEUX FLORES". Je vais vous le refroidir, moi, votre incendiaire !
Bien parlé, Tonton.
PEU APRÈS.
C'est lui, je parie ?
LES 2 FLORES
BRASSERIE
CAFÉ
Oui.
Qu'il est beau !
MENU
OMELETTE

Monsieur LÉTOUPE, je suis le Capitaine ÉPAULE JAUNE et voici SARDINE et P'TIT LULU.
Salut. Que puis-je pour vous ?
D'abord, je voudrais du feu pour allumer ce gros cigare.
Rien de plus simple.
SCRAT
OH ! T'as vu, P'TIT LULU ? Il n'utilise pas de briquet ! La flamme sort directement de son pouce !
Ouais, c'est bizarre.
Monsieur LÉTOUPE, je dois vous parler. J'ai rencontré dans l'Espace ces deux femmes, en train de brûler par votre faute.
Hélas, Capitaine ! Je sais !

Toutes les femmes qui passent devant la terrasse des DEUX FLORES tombent amoureuses de moi. Je n'y peux rien !
Vous n'êtes pas obligé de les enflammer.
GODET
HUBO GOSS
Non, c'est vrai. D'ailleurs, au début, tout se passe bien. On discute, on rigole. Mais tôt ou tard, elles me demandent de les épouser.
Et alors ?
Alors, à chaque fois, j'hésite. Et quand j'hésite, je me gratte le menton, comme ça.
GRAT GRAT GRAT
HUBO GOSS
Et mes doigts s'enflamment, parce que j'ai le menton râpeux et les ongles soufrés.
VLOUFFF
HUBO GOSS

Les femmes ont peur, j'essaie de les rassurer en les prenant dans mes bras et le feu se propage. À chaque fois c'est pareil !
J'ai une idée !
On va vous raser le menton. Comme ça, quand vous le gratterez, il sera tout lisse et vos doigts ne prendront plus feu.
OH NON !
Il est si mignon avec sa petite barbiche !
Ça lui va trop bien !
Bon, bon... je n'ai rien dit !
BRASSERI
Alors on pourrait vous couper les ongles. Ça reviendrait au même.
Et comment j'allumerai mes cigarettes ? C'est pratique de les allumer avec le doigt, HOP !
GRAT

Vous n'avez qu'à arrêter de fumer. C'est mauvais pour la santé, de toute manière.
OH NON !
Il est si beau, avec ses petites cigarettes !
Ça lui va trop bien !
Bon, bon... je n'ai rien dit !
Mais si vous ne voulez pas qu'il change, il va continuer à vous brûler.
À moins qu'elles ne me parlent plus de mariage.
Moi, si on ne me parle pas de mariage, je ne me gratte pas le menton et je ne brûle personne.
Oui, mais nous, on est obligées, parce qu'on vous aime !

On pourrait peut-être vous prêter des combinaisons anti-feu. On en a, dans notre vaisseau.
On ne va pas parler d'amour avec des combinaisons anti-feu !
Impossible !
Bon, les enfants, venez. Laissons tomber !

Je suis un peu déçue, Tonton ! Depuis le début de nos aventures, c'est la première fois qu'on n'arrive pas à résoudre un problème.
BAH ! C'est toujours comme ça avec les histoires d'amour, SARDINE ! Il vaut mieux ne pas s'en mêler !
Retournons plutôt nous bagarrer avec SUPERMUSCLEMAN.
FIN

Textes et dessins : Emmanuel Guibert
GRAT GRAT
Sardine de l'espace
Épisode LXIII : Le détecteur d'électeurs
SUPERMUSCLEMAN, j'ai besoin de votre aide pour notre prochaine campagne d'affichage.
Vous voulez ma photo, docteur KROK ?
SM

Non, j'ai besoin d'un moulage. Installez-vous sous cette douche.
Tout habillé ?
Oui oui. Restez comme vous êtes.
SPROTCH!
CLANG!
?
Voilà, ne bougez plus. Je vais vous enfoncer deux petites pailles dans les trous de nez, pour la respiration.
?
AÏE!
J'ai dit : ne bougez plus.

PLUS TARD
SUPERMUSCLEMAN, devant vos yeux euh... éblouis, je vais dévoiler mon invention.
Vous m'avez fait mal, docteur KROK.
SUPERMUSCLE MAN
Voilà ! CHAGAZAM !
SUPERMUSCLE MAN
PRÉSIDENT
Comme vous ne pouvez pas la voir, je vous la décris : il s'agit d'une affiche vous représentant, en trois dimensions. Cette affiche bouge et parle.

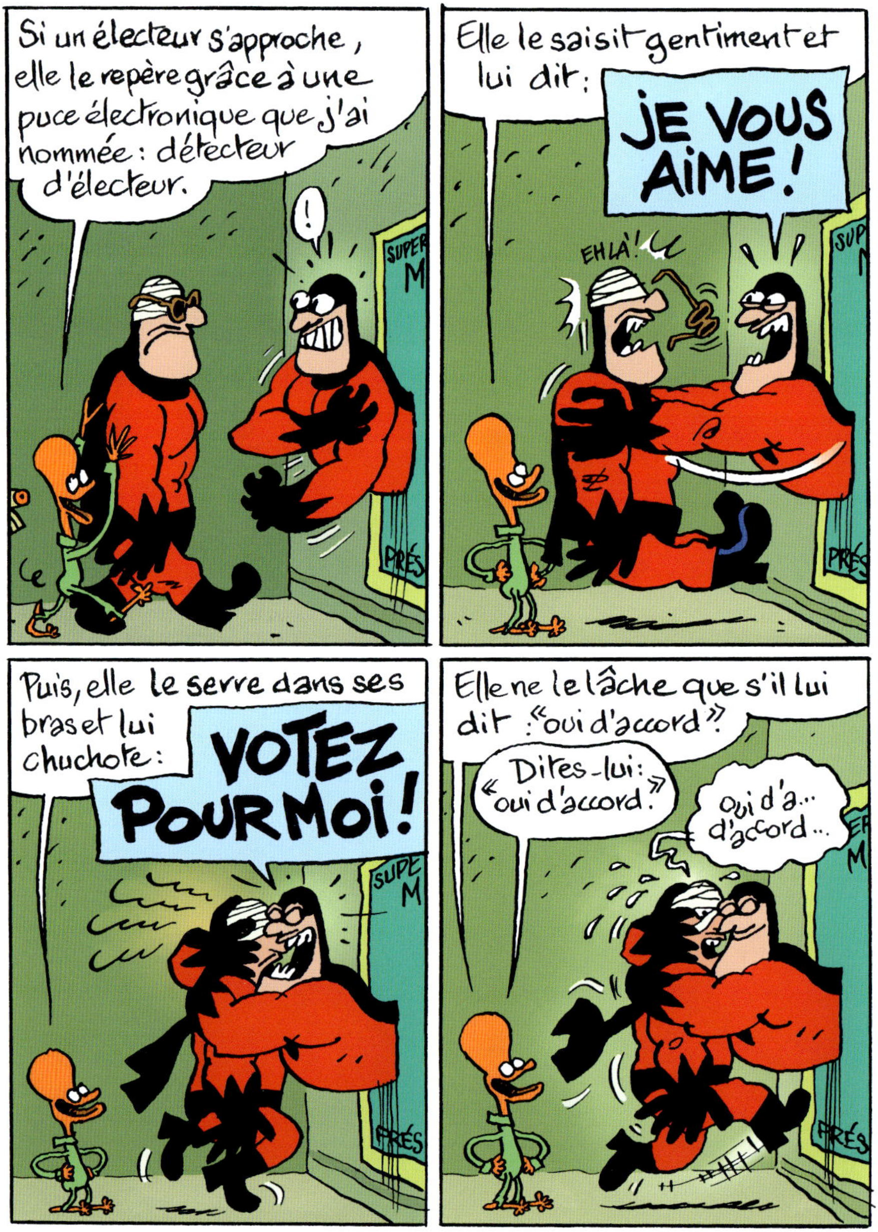
Si un électeur s'approche, elle le repère grâce à une puce électronique que j'ai nommée : détecteur d'électeur.
!
SUPER M
PRÉS
Elle le saisit gentiment et lui dit :
JE VOUS AIME !
EHLA !
Puis, elle le serre dans ses bras et lui chuchote :
VOTEZ POUR MOI !
Elle ne le lâche que s'il lui dit : « oui d'accord ».
Dites-lui : « oui d'accord. »
oui d'a... d'accord...

Vous venez de voir ce que cette affiche va faire à vos électeurs. Voyez maintenant ce qu'elle fera à vos ennemis.
Oui d'a... d'accord...
J'ai fabriqué une poupée-SARDINE. Je la place devant l'affiche.
Regardez : d'abord, elle l'attrape.
?
À NOUS DEUX, SARDINE !
Ensuite, elle l'étripe.
Hé Hé !
TIENS ! TIENS ! ÇA T'APPRENDRA !

Alors, SUPERMUSCLEMAN ? Que pensez-vous de mon affiche ?
Efficace, docteur KROK.
J'en ai conçu une autre, plus classique, regardez.
GRRR
UMPF
ZNORT
ON RECHERCHE
SARDINE DE L'ESPACE
RÉCOMPENSE : Un séjour de rêve pour deux aux Maldives (Formule avion + hôtel **** pension complète)
Ah oui ! Très bien !
Venez, SUPERMUSCLEMAN. Nous allons les placarder côte à côte, partout dans le cosmos.
Il faut surtout qu'on voie bien la mienne. On pourrait carrément la coller par-dessus l'autre.
flap flap
flap

LE LENDEMAIN, DANS UNE RUE DE L'ESPACE.
OH ! Regardez, Tonton et P'tit LULU ! C'est génial ! Ma tête est mise à prix !
Moi aussi, j'veux que ma tête soit mise à prix !
RECHERCHE
SARDINE DE L'ESPACE
RÉCOMPENSE : une cuisine équipée avec plaques à induction, machine à laver et congélateur 3 comparti-ments.
SLU
TAG
Voilà ce que j'en fais, de ce torchon !
Non, Tonton ! Le déchire pas ! Ça peut faire un chouette poster pour notre chambre !
SCRATCH
FRITCH FRITCH
Trop tard, je l'ai tout froissé.
Ne le jette pas dans la rue, en tout cas. C'est sale, de jeter des papiers par terre.
VENEZ VOIR !

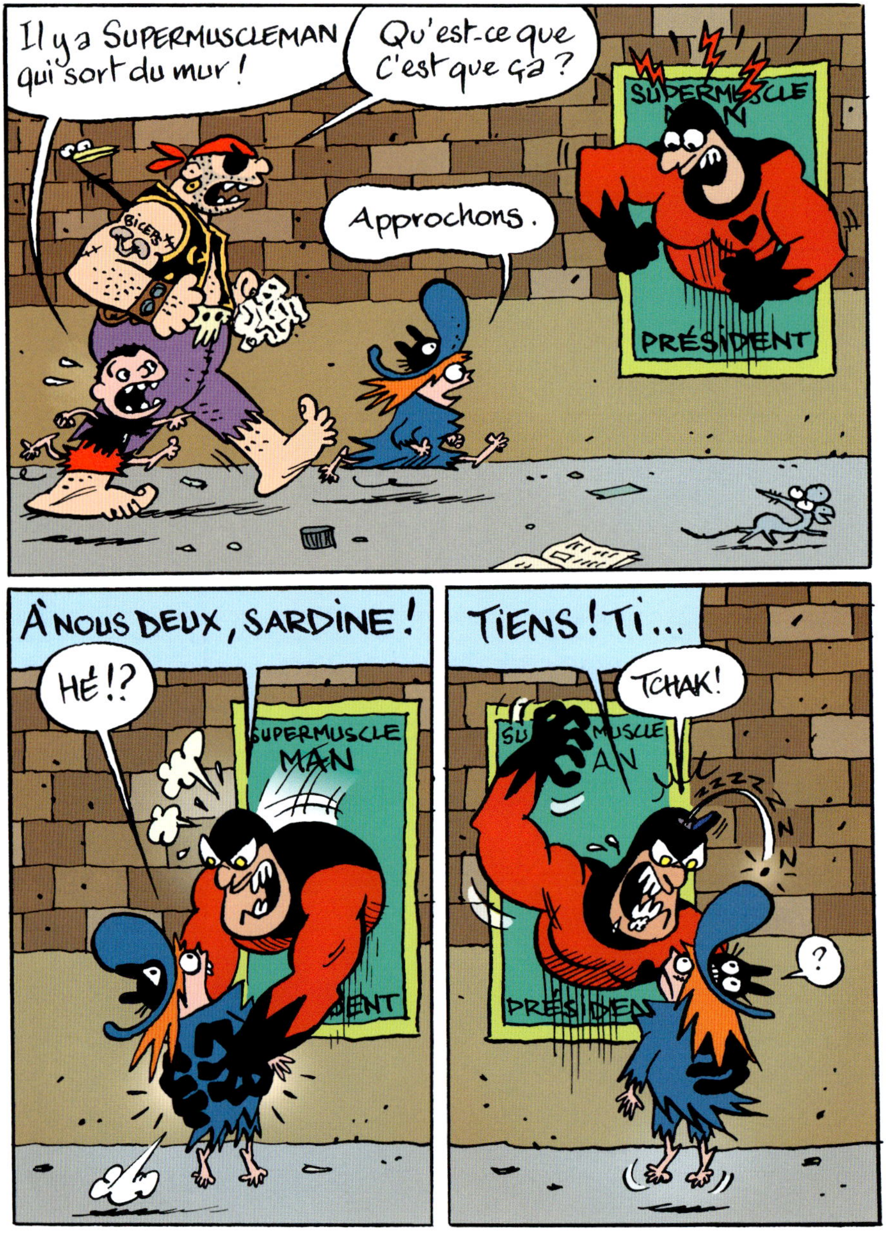
Il y a SUPERMUSCLEMAN qui sort du mur !
Qu'est-ce que c'est que ça ?
Approchons.
SUPERMUSCLE MAN
PRÉSIDENT
À NOUS DEUX, SARDINE !
HÉ !?
SUPERMUSCLE MAN
TIENS ! TI...
TCHAK !
?
PRÉSIDEN

SUPERMUSCLE MAN
OUILLE !
KRAK
GRAT GRAT
PAF !
PIF !
Ce n'est pas SUPERMUSCLEMAN ! C'est un robot !
Attention, SARDINE ! Quelque chose a sauté sur ton chapeau !
GRAT GRAT
Prot Prot
Ton chat se gratte.
Je vois ce que c'est !
GRAT GRAT
Une puce électronique !
Voyons ce qu'elle raconte.

Elle dit qu'elle est un détecteur d'électeurs et un piège à SARDINE conçue par le docteur KROK.
Donne-la moi.
Voilà ce que j'en fais, des inventions du docteur KROK!
HI HI!
Aïe!
KRAK!
Allons voir ailleurs s'il y a d'autres robots comme celui-là. Avec l'aide de mon chat, qui attire les puces électroniques, on va les désamorcer.
Regarde, SARDINE! J'ai trouvé une corbeille à papier pour l'affiche froissée. Comme ça, on ne salit pas la rue!
SUPERMUSCLE MAN
FIN!

Calligraphies et estampes :
Emmanuélou Guibérou
Sardine de l'espace
Épisode LXIV : La cousine MANGA
La cousine MANGA vient passer quelques jours chez nous. On l'attend à l'astrogare.
Voilà son train !
Comment on va la reconnaître, la cousine MANGA ? On ne l'a jamais vue !
JOURNAUX
PARTEZ INQUIET
manger !
manger !
COMPOSTEZ

Je lui ai envoyé nos albums. C'est elle qui nous reconnaîtra.
Ah oui, bonne idée.
C'est pratique d'être célèbre. Nous, on ne connaît pas les gens, mais les gens nous connaissent.
La cousine MANGA est encore plus connue que nous, il paraît.
Plus connue ? Ça m'étonnerait !
Si si, je t'assure.
Elle aussi, elle fait des albums. Et elle en vend mille fois plus !
D'ailleurs regarde, Tonton : on n'est pas les seuls à l'attendre.
Hein ?

VIVE MANGA
BIENVENUE MANGA !
MANGA JE T'AIME
MANGA
Ce sont les fans de la cousine.
?
Ils n'ont tout simplement pas vu qu'on est là ! Attends un peu que je me montre.
Bonjour les amis ! Vous me reconnaissez ? C'est moi le Capitaine Épaule Jau...
LA VOILÀ !
BIENVENUE MANGA !
MANGA JE T'AIME
MANGA
!?
BRODOBODOBODOM

Ça va, Tonton ?
Ah, les mal élevés ! Ils me sont carrément passés dessus !
OHÉ ! SARUDINE ! ÉPAUR JAUNE ! P'TIT RURU !
Un porg
un zotograf !
un ortograf sivouplé.
un orogrif plize.
un rotograf, mamaselle MANGA !
SCRITCH SCRITCH
ZWIIIIISSCH
mon zotograf ?
oh ben ?
HAHA

TSALUT LES COUSINS !
PAF
Euh... salut cousine...
Tu sautes haut, dis donc !
Et puis tu as de beaux yeux, tu sais ?
HAHA ! Je tsuis turès contente de vous renconturer ! Comment tsa va ?
Bien, bien...
On fait aller...
MANGA
BIENVEN
MANG
MANGA
On ts'en va d'ici ? Il y a turop d'adumirateurs.
Oui, c'est vrai. Ils sont agaçants.
Viens, cousine. On est garés là-bas.
SORTIE

PEU APRÈS
Alors, cousine MANGA ? Comment tu trouves notre petit vaisseau ?
HAHA ! Turès sympa ! Turès joli ! Mais...
Mais ?
Il est un peu vieux, non ? Vous ne turouvez pas ?
Ah si, c'est vrai.
Il n'est pas récent-récent, mais il marche bien.
Regardez : tsa, c'est photo de mon vaisseau spatial, le WALTÉROU.
WAAH !
SSSuper !

Tonton ! On ne pourrait pas avoir un vaisseau comme ça, pour changer ?
Mais non, voyons ! C'est beaucoup trop cher !
Tu pourrais emprunter de l'argent à Mémé.
SPONSOR
BOITE À GANTS
En plus, turbulents comme vous l'êtes, vous me l'esquinteriez en moins de deux !
C'est pas vrai !
On ferait attention !
Et tse gars-là, qui c'est ?
Lui ? C'est SUPERMUSCLEMAN, le grand méchant dictateur.
Notre ennemi juré.

Il n'est pas très effurayant !
C'est parce qu'il a l'air bête. Mais il est vachement dangereux.
Tsa, c'est mon ennemi. Il s'appelle DOMOALIGATO-GOZAÏMASHITA !
Brrrr...
Horrible !
Il fait vraiment peur !
Comment tu fais pour le battre, cousine ?
Fatsile !
J'ai pulein d'armes très modernes. Beaucoup de gadugets !
Évidemment !
Ah oui, c'est ça.

Mais vous tsavez, ici, tsa me pulaît beaucoup ! Tsa change de ma vie habituelle.
Dis donc, cousine, je pense à une chose...
HECTOR
BURPI BURPO
PET
PAF
Si on échangeait, pendant quelques jours ? Nous, on te prête notre vaisseau, notre univers, nos méchants et toi, tu nous prêtes les tiens.
Tsuper bonne idée !
Et après, on se retrouve et on se raconte.
OH oui ! Je vais m'occuper de SUPERUMUSCULEMANU, vous allez voir !!!
Hi Hi Hi
CLAC CLAC CLAC CLAC

Mais avant que vous alliez tchez moi, je dois vous faire un petit maquillage.
Génial ! On va se déguiser !
Euh... c'est vraiment obligatoire ?
TROUSSE DE BEAUTÉ
ARGO
PLUS TARD
Voilà ! Vous êtes purêts !
Dis, SARDINE ! Je me demande si je ne préfère pas vendre un peu moins d'albums et garder la tête que j'avais avant.
BAH ! C'est juste pour essayer.
Et puis, on a de beaux yeux, tu sais ?
KAWASAKI CITY MUSEUM
FIN

PEFC
PEFC/18-31-107
Certifié PEFC
Ce produit est issu de
forêts gérées durablement
et de sources contrôlées
www.pefc-france.org

Conception graphique : Philippe Ravon

Dépôt légal : juin 2007 • ISBN 978-2205-06027-0
Imprimé et relié en décembre 2019, par Stige, 110 via Pescarito, San Mauro – Italie
www.dargaud.com

Albums déjà disponibles :

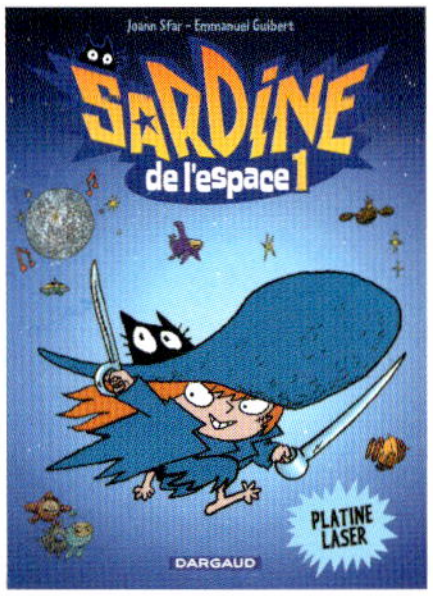

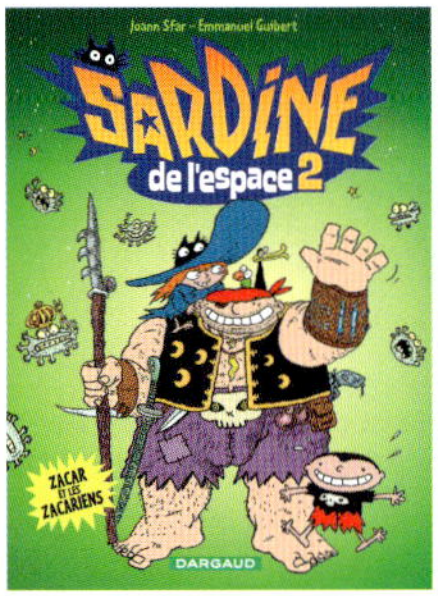

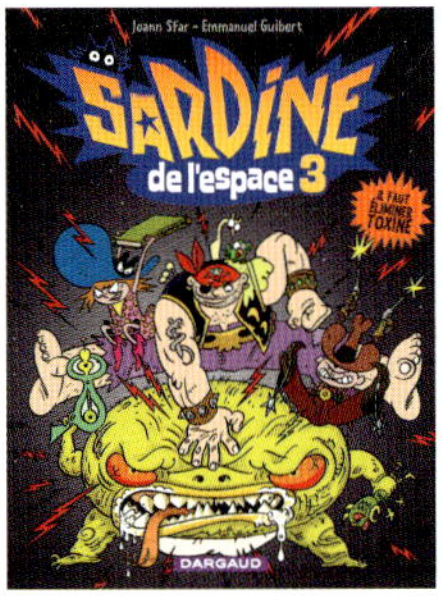

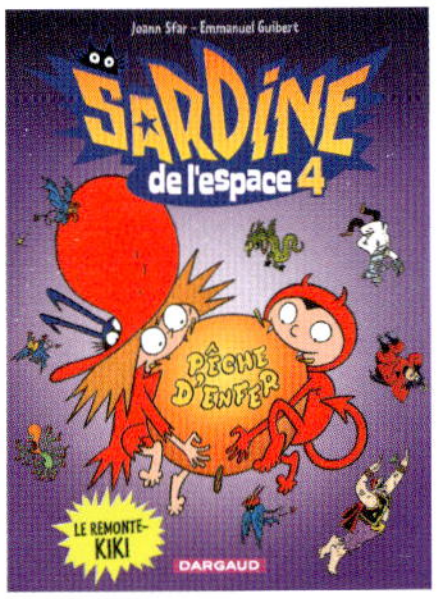

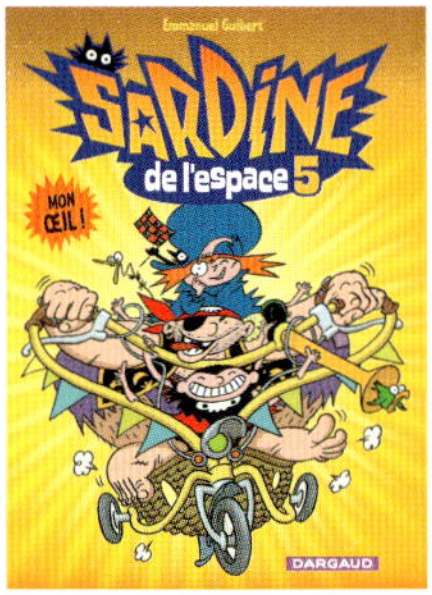

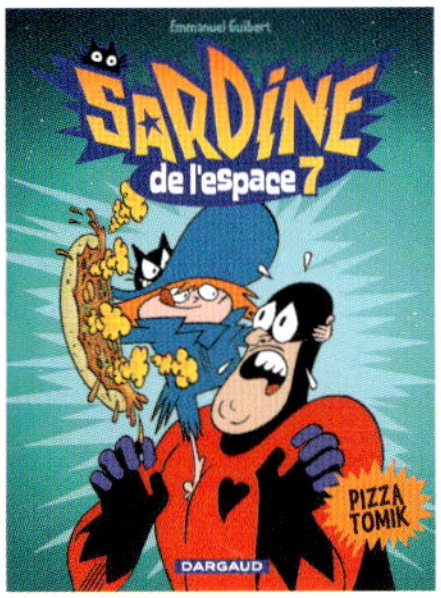

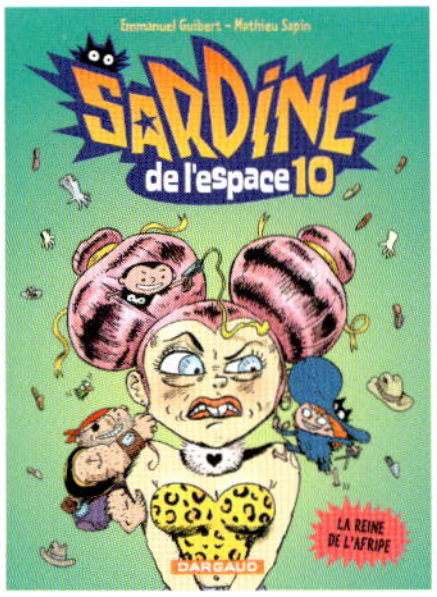

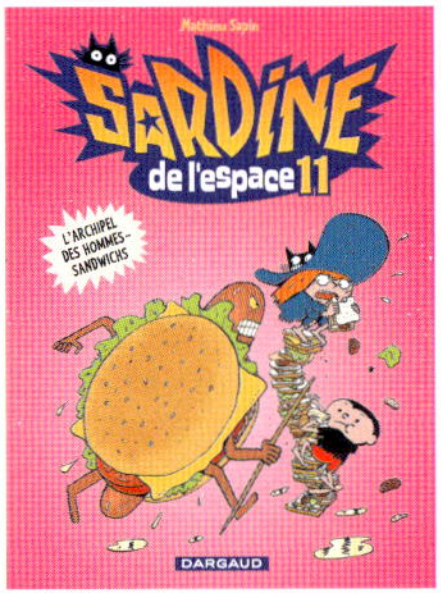

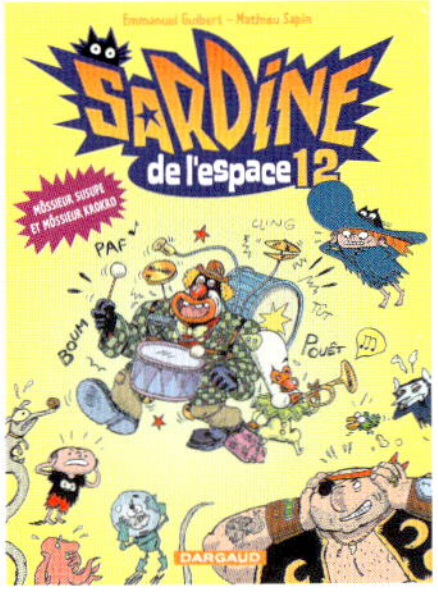